1970年代～2000年代の鉄道

地方私鉄録

JN001627

第2巻【北関東編】

関東鉄道常総線・竜ヶ崎線、筑波鉄道、鹿島鉄道、ひたちなか海浜鉄道、日立電鉄、鹿島臨海鉄道、真岡鐵道、野岩鉄道、わたらせ渓谷鐵道、上毛電気鉄道、上信電鉄

写真・諸河 久　解説・藤本哲男

わたらせ渓谷鐵道　DE101537牽引トロッコ列車　足尾行き　小中～神戸　2010.4.10

JR足尾線を1989年に第三セクター転換したのが「わたらせ渓谷鐵道」だ。桐生～間藤間44.1kmの沿線は四季折々の変化に富む観光路線だ。大間々から終点間藤までは、社名の渓谷鐵道のとおり、渡良瀬川の渓流に沿って走る。四季の観光シーズンに運転されるトロッコ列車からのワイドな眺望は、他に類を見ない美しい景観が楽しめる。

.....Contents

五月晴れに恵まれたゴールデンウィークの一日、国鉄標準塗装の旧水島臨海鉄道キハ205と旧国鉄標準塗装の旧羽幌炭礦鉄道のキハ204、それに国鉄準急塗装の旧留萌鉄道のキハ2004を加えた茨城交通時代のフィナーレにふさわしい3重連運転が実現した。キハ205が国鉄キハ20系仕様で他は国鉄キハ22系仕様という、ファン垂涎の混色編成が眼前を通過した。

茨城鉄道湊線　キハ205＋キハ222＋キハ2004　阿字ヶ浦行き　中根〜那珂湊　2007.5.4

表紙：鹿島鉄道の榎本から玉造町にかけて緩勾配の切り通しや築堤が続く、変化に富んだ車窓風景が展開している。丘の中を一直線で貫く暗渠には、俯瞰撮影に絶好の跨線橋が架けられ、橋上に何回か通った記憶がある。周囲の新緑が眩い梅雨の晴れ間、石岡行きに充当されたキハ432の前面展望席に陣取った子供たちが楽しそうに微笑んだ。
鹿島鉄道　キハ432　石岡行き　榎本～玉造町　2004.6.19

裏表紙：雪晴れの朝、多くの通勤客で賑わう高崎行きの殿を務めるデハ10の快走。写真の上信電鉄デハ10は旧東武鉄道デハ1型からの鋼体化改造車で、従来のブリルMCB型台車はDT10型台車に振り替えられていた。車端までのオーバーハングが短い、個性的なサイドビューの電車だった。
上信電鉄　デハ10　高崎行き　上州福島～上州新屋　1975.1.24

はじめに

　筆者が鉄道出版社勤務からフリーカメラマンに転身したのは1979年初頭のことだった。前年の1978年、国鉄は経営活性化の旗頭として特急列車のヘッドマークを「絵入り」に変更したため、全国規模の国鉄特急列車ブームが到来した。巷にはオーソドックスな鉄道写真集から幼児向け写真絵本に至るまでの鉄道出版物が氾濫し、鉄道写真の需要が増大していた。筆者もその恩恵に浴することになり、全国的な規模で国鉄列車を始めとする鉄道写真の撮影に邁進した時代だった。

　アマチュア時代の筆者は、路面電車や地方私鉄をテーマにした鉄道写真を得意なジャンルにして、全国を渉猟している。プロに転じた1970年代からも、バラエティに富んだ地方鉄道をモチーフにカラーポジ撮影に勤しんだ。この時代の35mm判一眼レフカメラにコダクロームフィルムで記録した私鉄作品は発表の場も少なかったために、殆どがストックフォトとしてアーカイブされていた。

　かねてから、当時のアーカイブスを写真集にする企画を模索してきたが、株式会社フォト・パブリッシングから写真集化のお勧めいただき、地方私鉄作品に特化した「1970年代〜2000年代の鉄道　第1巻　地方私鉄の記録　南関東編」を2024年2月に上梓することができた。本書は第1巻に引き続き「1970年代〜2000年代の鉄道　第2巻　地方私鉄の記録　北関東編」として上梓することとなった。30年余に及ぶ膨大な地方私鉄の作品群を会社・地域別に区分して、地方私鉄の記録　甲信越編、伊豆・駿河・遠州編などの編集方針で続刊する予定だ。

　この時代の主力感光材料がプロから絶対的な信頼を得ていた高解像度で退色に強い「コダック・コダクローム64（KR）」だったことも功を奏し、40余年の時空を超えて鮮明なカラー作品として再現することができた。また、2002年以降のデジタル撮影作品も加えて、地方鉄道の描写に彩を添えることができた。

　本書では鉄道趣味の畏友である藤本哲男氏を解説者にお願いして、掲載会社路線の概略や掲出車両の出自を精緻に解説いただいた。

　掲載作品の選定、ページ構成は前回に引き続き寺師新一氏のお手を煩わせた。企画編集にご尽力いただいた田谷恵一氏とともに書上から謝意を表します。

諸河　久

　今回の写真を担当されている諸河久さんに初めてお会いしたのは60年前の1964年2月9日で、お互いに高校生の時であった。一緒に京都五条坂にあった「タカハシ写真店」に行き、店主の高橋弘さんから京都の路面電車撮影に関するレクチャーを受けている。その後、京都市電、京福叡山線／嵐山線と京阪京津線に乗って浜大津まで出向き、京阪石山坂本線や江若鉄道を案内している。以来、諸河さんとは半世紀にわたる交誼が続いている。諸河さんは大学卒業後、プロの鉄道写真家としての道を歩まれた。私は平凡なサラリーマンの道を歩み、今も持続している。

　2024年の年明け早々、諸河さんから本書「1970年代〜2000年代の鉄道　地方私鉄の記録　北関東編」を刊行するにあたり、掲載した鉄道各社の解説とキャプションの執筆の打診があった。市販書籍での執筆は未経験の自分にできるだろうかと思ったが、私自身各地のローカル私鉄を探訪することをライフワークにしていたことと、今回エントリーされた鉄道会社には何度も訪れ、今も足繁く通っているところも多いことや、車両面については概ね理解しているつもりであったので、執筆を引き受ける決断をした。ところが、いざ執筆にとりかかると、新たに確認すべき事項が多々あり、蓄積された知識の曖昧さを痛感した次第だ。それはともかく、諸河さんが丹精込めて撮影され作品と当方の拙文で、楽しかった往時の地方私鉄の風情を偲びつつ、明日への活力に繋げていただければ幸いである。

藤本哲男

関東鉄道常総線

　取手〜下館間51.1km（常総線）と土浦〜岩瀬間40.1 km（筑波線）を運行していた常総筑波鉄道と、石岡〜鉾田間27.2km（鉾田線）と佐貫〜竜ヶ崎間4.5km（竜ヶ崎線）を運行していた鹿島参宮鉄道が1965年6月1日に合併して、非電化私鉄としては最長距離を誇る関東鉄道が誕生した。

　経営合理化の一環として、1979年4月1日に筑波線を「筑波鉄道」、鉾田線を「鹿島鉄道」として分社化し、本書で紹介する姿になった。

　常総線の前身は1911年11月に免許を受けた常総軽便鉄道が、翌年3月に社名を改めた常総鉄道である。1913年2月に工事着手し、僅か9か月で取手〜下館間51.1kmを一挙に開通させた。戦後の混乱期には常総線から東京方面に向かう乗客が、取手駅で乗換えとなる常磐線の列車が超満員で乗り切れない事態も発生した。そのため、常磐線取手まで電化延伸が完成する1948年2月から1949年6月の間は下館〜上野間、1948年5月からは下妻〜上野間の直通列車が運転された。

　1975年頃から沿線の宅地化に伴う乗客の増加により、戸頭（1975年3月26日、稲戸井〜南守谷間）、西取手（1979年12月1日、取手〜寺原間）、ゆめみ野（2011年3月12日、新取手〜稲戸井間）の各駅が新設された。1977年からは輸送力増強のため、取手〜水海道間の複線化工事が実施され、1977年4月7日、取手〜寺原間の完成を皮切りに、1984年11月15日に水海道までの複線化が完成して輸送力が大幅に向上した。

　2005年8月25日、守谷で交差する「つくばエキスプレス」が開業すると、都心に向かう通勤、通学客がそちらに流れてしまい、かつての最大5両編成は、朝夕2両編成、昼間は1両編成に短縮された。

関東鉄道常総線　キハ2200型水海道行き　大宝〜下妻　*2014.4.14*
関東の名峰「筑波山」を背に常総線を走るキハ2200型。キハ2200形は水海道〜下館間のワンマン運転用に新製されたキハ2100型をベースにして、1997年に2201、2202が新製された。翌年になると、キハ2203、キハ2204の2両が増備された。

キクハ3は元小田急クハ1650型1653で、小田急から譲渡された1969年に自社で制御気動車に改造された。2基エンジンの元小田急キハ5000型やキハ5100型改造のキハ751型と組んで、廃車される1984年まで使用された。

関東鉄道常総線　キクハ3＋キハ750の取手行き　水海道～小絹　*1983.1.29*

関東鉄道常総線　キハ003＋キハ004の下館行き　寺原～新取手　*1987.8.9*
キハ001型は1982年～1984年に新潟鐵工所で新製した車体と国鉄キハ20型の廃車発生品の部品、台車等を組み合わせて製作された。片運転台のため、原則としてキハ001＋キハ002のように2両編成で使用される。1995年と1997年にエンジンを換装。1997年、1998年に冷房化、2005年にワンマン改造が行われた。

関東鉄道常総線　キハ752他4連　下館行き　小絹～水海道　*1985.2.23*
キハ752は小田急の新宿～御殿場間特別準急に使用されたキハ5002が前身。国鉄御殿場線電化により特別準急列車が電車化されたため、僚車のキハ5001、5101、5102と共に関東鉄道に譲渡された。入線時に日本車輌東京支店で外釣り扉の増設、ロングシート化等、通勤タイプに改造された。

関東鉄道常総線　キハ101　大宝～下妻　*2002.5.3*
田植えが真っ盛りの水田を横目に薫風の中を行くキハ101。同車は1997年5月、水海道～下館間のワンマン運行に際して、キハ306（元JR九州キハ3055）から改造された。2001年の「鉄道の日」に合わせて、懐かしい昭和30年代の常総筑波鉄道色に変更された。

関東鉄道常総線　キハ2300型２連　水海道行き　寺原〜新取手　2009.3.18
取手〜水海道間の複線区間を快走するキハ2300型。キハ2300型は2000年〜2003年に10両が新製された片運転台車。電気指令式ブレーキを採用し、朝夕の水海道〜取手間の通勤通学輸送の主力として活躍。

関東鉄道常総線　ＤＤ502牽引の水海道行き転入車両回送列車　　下妻〜宗道　1992.1.20
1992年にJR東日本から購入したキハ30・キハ35を下館から水海道工場まで牽引するDD502。本機は1956年に日本車輌で新製されたセミセンターキャブ機。1963年まで朝夕運行されていた旅客列車や1974年まで運行さていた貨物列車牽引に使用され、晩年は工事列車、転入車や新製車の線内回送に使用された。

関東鉄道常総線　キハ2400型　下館行き　黒子〜太田郷　*2014.4.12*
キハ2400型は、2004年〜2007年に6両が新製され、電気指令式ブレーキを採用している。全区間ワンマン化や昼間単行運転の実施により、常総線の全線にわたり活躍している。

関東鉄道常総線　キハ5000型　取手行き　大宝〜下妻　*2015.2.14*
常総沿線の古社「大宝神社」の下車駅である大宝を発車し、取手に向かうキハ5000型。キハ5000型は2009年にキハ5001、キハ5002に2両が新製され、2013年にキハ5003、キハ5004の2両が増備された。キハ5000型から車体塗装が青味がかった白をベースに赤、青の帯に変更された。

関東鉄道常総線　DD502＋キハ350型2連　下館行き　下妻〜大宝　2004.8.21
2004年には水海道〜下館を往復するイベント列車として、DD502がキハ350型2両を牽引する 珍しい列車運行が実施された。稲穂がたわわになった初秋の沿線をのんびり下館に向かうシーンが実現し、待ち受けるファンから喝采が上がった。

関東鉄道竜ヶ崎線

　関東鉄道竜ヶ崎線は佐貫～竜ヶ崎間4.5ｋｍのミニ路線で、途中駅の入地には交換設備がなく、全線をワンマン仕様の単行または2両編成の気動車が7分で結んでいる。

　竜ヶ崎線の歴史は古く、前身の竜崎馬車鉄道が、1898年4月、竜ヶ崎～藤代間の免許を申請した。竜ヶ崎は陸前浜街道の要地であったが、日本鉄道土浦線(現在の常磐線)は、何故かこの地を避けて通ったため、これに接続する鉄道の必要性に迫られたためである。着工準備中に社名を竜崎鉄道に変更。馬車鉄道から蒸気鉄道に路線も竜ヶ崎～佐貫間に変更した。1899年4月5日に免許が下り、同年7月に着工した。

　1900年8月14日に762ｍｍ軌間で開業。1915年7月に1067ｍｍに改軌。戦時中の1944年5月13日に鹿島参宮鉄道に合併。1965年6月1日に鹿島参宮鉄道と常総筑波鉄道が合併して関東鉄道となり、同社の竜ヶ崎線になった。経営合理化によるワンマン運転は、1971年8月1日から実施されている。JR東日本は、2020年3月14日、佐貫駅を「龍ヶ崎市」に改名したが、関東鉄道は、「佐貫」のままである。

　竜ヶ崎線には1960年代半ばまで蒸気機関車牽引の貨物列車が存在し、愛好者の注目する路線だった。前身の竜崎鉄道が1925年に川崎造船所に発注したC型タンク機関車の4号機が著名で、鉾田線から転入した5号機と共にディーゼル機関車の導入まで活躍した。現在は竜ヶ崎駅に程近い「龍ヶ崎市歴史民俗資料館」で大切に保存されている。

関東鉄道竜ヶ崎線　キハ521＋キハ522＋キハ41302　竜ヶ崎行き　佐貫駅　*1979.3.22*
キハ521、キハ522の前身は、1969年11月1日に廃止された江若鉄道キハ5121、キハ5122で、入線時は江若時代の車号のまま中間にハ5010を挟んだ3両編成で使用されていた。ワンマン改造時に、中間車を外して2両編成になった。1975年12月に大栄車輌で新製した車体に載せ替えた。

関東鉄道竜ヶ崎線　キハ521＋キハ531　竜ヶ崎行き　入地〜竜ヶ崎　1985.2.23
左側の車両には乗務員室扉があり、両側運転台のキハ531であることが判る。同車は元江若鉄道のキハ5123で、キハ521、キハ522と一緒に関東鉄道に転入して、竜ヶ崎線に配置。キハ521と同様に1976年12月、大栄車輌で新製した車体に載せ替えている。

関東鉄道竜ヶ崎線　キハ41302＋キハ522＋キハ521　竜ヶ崎行き　佐貫駅　1979.3.22
キハ41302は1934年川崎車輌で鉄道省キハ41070として新製され、1957年国鉄から鹿島参宮鉄道が譲り受け、キハ41302として竜ヶ崎線に配置された。非総括制御車のため他車とは総括制御ができず、予備車的存在であった。1982年に廃車されるまで、旧国鉄キハ41000型のオリジナルスタイルを維持した。

関東鉄道竜ヶ崎線　キハ2001　佐貫行き　竜ヶ崎〜入地　*2009.3.18*
キハ2000型は竜ヶ崎線近代化の切り札として、1997年2月に新潟鐵工所で2両が新製さされた。現在は竜ヶ崎線の主力として、平日朝のラッシュ時2両、それ以外の時間帯は単行でワンマン運行されている。

関東鉄道竜ヶ崎線　テワ1の廃車体　竜ヶ崎機関区　*2009.3.18*
1900年に関西鉄道四日市工場で製作された7t積鉄製有蓋貨車で、1921年に鹿島参宮鉄道に譲渡されテワ1となった。鉾田線で使用され、廃車後は竜ヶ崎機関区の油倉庫として使用されていた。2017年に三重県いなべ市の「貨物鉄道博物館」に譲渡され、同館で展示・保存されている。

関東鉄道竜ヶ崎線　キハ2001　竜ヶ崎行き　入地〜竜ヶ崎　2009.3.18
竜ヶ崎線の入地駅を境にして、佐貫側は住宅が立ち並んでいるのに対し、竜ヶ崎側は田畑が拡がり、農村地帯の様相を
呈している。蒸気機関車の踏切標識が印象的な知手2号踏切を通過し、終点竜ヶ崎に向かうキハ2001。

筑波鉄道筑波線

　前身の筑波鉄道(初代)は、軽便鉄道法により、1911年4月20日に免許が下りたが、会社設立後、勃発した第一次世界大戦の影響で、鉄道建設資材が容易に集まらなかったこと、用地買収でこじれたこと等により、土浦～筑波間の部分開業までに7年を要した。

　敷設工事は、土浦～筑波、筑波～真壁、真壁～岩瀬と全線を3区に分けて進められ、土浦～筑波間1918年4月17日、筑波～真壁間同年6月7日、同年9月7日に土浦～岩瀬全線40.1ｋｍで営業が開始された。

　戦時中の1945年3月20日、常総鉄道と合併により常総筑波鉄道筑波線となり、1965年6月1日、鹿島参宮鉄道との合併により、関東鉄道筑波線になった。1979年4月1日、経営合理化により関東鉄道から分離され、筑波鉄道(2代目)として独立している。

　筑波線は沿線の名峰「筑波山」観光の足として多くの乗客に親しまれてきた。モータリゼーションの影響を受けて斜陽となった1980年代になっても、筑波山観光シーズンの春秋には常磐線上野駅からの直通臨時列車「筑波号」が筑波駅まで頻繁に乗入れ運転されていた。貨物輸送廃止後は失業していた筑波線配置のDD501に生気が戻り、矍鑠(かくしゃく)として国鉄からの乗入れ客車の先頭に立っていた。

　少子高齢化による沿線の過疎化、マイカーの増加による筑波線の乗客離れには歯止めがかからず、1987年4月1日に廃止された。

筑波鉄道筑波線　キハ761　土浦行き　岩瀬駅　*1985.5.17*
国鉄水戸線と接続する岩瀬駅で水戸行きの401系からの乗換客を待つ北海道出身のキハ761。筑波線への特徴のある連絡跨線橋が目をひく。現在、401系はE501系やE531系に置き換えられ、筑波線も撮影の2年後に廃止され、この光景も昭和の憧憬となった。

筑波鉄道筑波線　キハ462+キハ761　岩瀬行き　常陸北条〜筑波　*1978.11.5*
キハ462は1933年3月に新潟鐵工所で鉄道省キハ41034として新製され、戦後の称号改正でキハ0446に改番。1958年に遠州鉄道に譲渡されキハ801を名乗った。さらに1967年に北陸鉄道に譲渡され、能登線で使われた。1972年に関東鉄道に譲渡され、筑波線に配置された。

筑波鉄道筑波線　キハ541+キハ810　岩瀬行き　常陸北条〜筑波　*1978.11.5*
キハ541は1957年8月、北陸鉄道能登線のコハフ5301として新製。1963年10月、ディーゼル機関を搭載してキハ5301になった。1972年6月25日に同線の廃止によりキハ461、キハ462と共に筑波線に転入した。両端の荷物台に特徴があったが、車体が小さいため、主に増結用として使用された。

筑波鉄道筑波線　キハ761＋キハ811　土浦行き　筑波～常陸北条　1983.5.5
旧雄別鉄道のコンビが筑波山を背景に春の野を快走。先頭のキハ761は雄別鉄道が1957年に新潟鐵工所で新製したキハ
49201Y1。次位のキハ811も雄別鉄道が1962年に新潟鐵工所で新製したキハ104が前身で、1970年4月15日、同鉄道廃止
により筑波線に入線している。

7

筑波鉄道筑波線　キハ504　岩瀬行き　常陸藤沢〜田土部　*1984.4.25*
菜の花咲き乱れる常陸野を行くキハ504。同車は常総筑波鉄道時代の1959年に日本車輌で新製され、クロスシート、空気バネ台車を装備した筑波線のクイーン的存在だ。全盛時は岩瀬駅から水戸線を経由して国鉄小山駅への乗入れ列車にも使用された。

筑波鉄道筑波線　キハ761　岩瀬行き　真壁駅　*1984.4.21*
真壁駅は「真壁のひな人形祭り」で知られる真壁町の中心部にあり、真壁町役場、県立真壁高校の最寄り駅。当駅折り返しの列車も設定されており、筑波駅とともに拠点駅であった。現在は鉄道代替バスも廃止され、旧ホームの桜だけが遺っている。

筑波鉄道筑波線　キハ505　土浦行き　常陸藤沢駅　*1984.4.25*
周囲を田園で囲まれた桜花爛漫の常陸藤沢駅に停車するキハ505。1959年に日本車輌で新製され当初はキハ502を名乗っていたが、501・502と504・505の車号を入れ替え、501〜503をコイルバネ車、504・505を空気バネ車とした改番の経緯がある。

筑波鉄道筑波線　DD501＋国鉄12系「つくば号」　筑波行き　*1984.11.3*
秋の行楽シーズンに運転された上野〜筑波間の臨時快速列車「つくば号」を牽引するDD501。同機は1954年に新三菱
重工三原製作所で新製されたセンターキャブ仕様で、出力は450HPを誇り、当時の私鉄ＤＬとしては最大クラスであっ
た。新製配置は常総線だったが、1973年３月に筑波線に転属した。

鹿島鉄道鹿島鉄道線

　前身の鹿島参宮鉄道が1921年12月12日に石岡町から玉造町に至る鉄道敷設免許を取得。これに引き続き翌1922年6月20日に玉造町〜鉾田間の免許を取得して、鹿島参宮鉄道が設立された。1924年 '6月8日、石岡〜常陸小川間を開業。以降、1926年8月15日に常陸小川〜浜間、1928年2月1日に浜〜玉造町間、1929年5月16日に玉造町〜鉾田間が開業して石岡〜鉾田間が全通した。1944年3月27日、戦時中の国策により竜ヶ崎鉄道を合併し、鹿島参宮鉄道鉾田線、竜ヶ崎線と呼称することとなった。

　1965年6月1日、常総線や筑波線を擁する常総筑波鉄道との合併により、関東鉄道鉾田線になった。合併から14年後の1979年4月1日、関東鉄道は経営合理化により再び分割されることになり、鉾田線は関東鉄道から分離されて鹿島鉄道鹿島鉄道線として独立した。この時代になると、少子高齢化による沿線の過疎化、マイカーの増加による乗客減が加速し、路線経営を圧迫していった。

　1980年代後半になると石岡近隣の沿線にはニュータウンと呼ばれる住宅団地が造成された。鹿島鉄道のイメージアップを図り、ニュータウンからの通勤輸送に対応するため軽快気動車仕様のKR-500型を導入。石岡〜常陸小川間で頻繁運転も実施されたが、退勢を挽回するには至らなかった。

　榎本駅を積替拠点とする航空自衛隊百里基地へのジェット燃料輸送が施設の老朽化のため、2001年8月に中止された。鹿島鉄道の命綱だったジェット燃料輸送が断たれたため、鉄道の廃止は決定的になった。その後も鉄道存続に向けて、後継運営会社の募集等が模索されたが、どれも条件が折り合わず、2007年4月1日に全線が廃止された。

鹿島鉄道　キハ411＋キハ412　石岡機関区　1985.5.15
筑波線で使用されていたキハ41005、キハ41006の2両が1970年に鉾田線に転属。1972年に西武鉄道所沢工場で、片運転台化、総括制御化、正面2枚窓化の改造を受け、キハ411、キハ412に改番され、2両1組で使用された。

鹿島鉄道　キハ601　石岡行き　常陸小川〜四箇村　2005.9.18
キハ601は元国鉄キハ0729で、1965年3月から鉾田線に配置され、キハ602と同時期に西武鉄道所沢工場で同仕様に改造された。2007年の廃止時まで使用され、キハ07の面影を残す車体やTR29型台車が愛好者の人気を博した。

鹿島鉄道　キハ602とKR-502の交換風景　常陸小川駅　2001.3.16
キハ602は元国鉄キハ0732で、1966年10月にキハ42504として鉾田線に配置された。1972年12月、西武鉄道所沢工場で正面切妻化、総括制御化改造され、キハ602に改番された。KR-502は1989年に新潟鐵工所で新製した軽快気動車である。

鹿島鉄道　キハ601　鉾田行き　石岡南台〜東田中　*2006.4.9*
筑波山をバックに満開の桜の傍を走るキハ601鉾田行き。常磐線石岡駅の近接地では住宅団地の開発による通勤客の増加により、1989年6月16日に石岡南台駅、1964年11月18日に東田中駅、1988年4月1日に玉里駅がそれぞれ開業している。

鹿島鉄道　キハ601　鉾田行き　浜〜玉造町　2002.9.1
紺碧の夏空と白い雲、黄色の踏切標識の色対比が鮮やかな一齣。ローカルムード満点の沿線では、間もなく稲刈りも始まる時節だ。軽快なジョイント音を残して玉造町に向かうキハ601が印象に残る。

加島鉄道　キハ602　鉾田行き　キハ601石岡行きの交換　榎本駅　2005.9.18
航空自衛隊百里基地への燃料輸送の拠点榎本駅で、2両在籍したキハ600型同士の列車交換風景。西武所沢工場で機械的に改造された正面からは美しさのみじんも感じられないが、側面は国鉄07型のディテールで溢れ、好感が持てた。

鹿島鉄道　キハ714　石岡行き　巴川〜借宿前　2007.2.2
鉾田駅を発車した列車は巴川を過ぎた先で丘を越え、借宿前に向かう。借宿前のホーム先端で構えた望遠のフレームの
中に、かつて夕張鉄道キハ251として活躍したキハ714の湘南スタイルの風貌が広がった。

鹿島鉄道　キハ714　鉾田行き　小川高校下〜桃浦　2007.2.2
筑波山をバックに霞ケ浦湖畔を走行。写真のキハ714は最後までワンマン化改造を受けず、平日朝1往復の2両編成に
充当された。2002年4月からはファンサービスで第2、第4土曜日の昼間1往復にも使用された。

鹿島鉄道　キハ432　石岡行き　桃浦駅　1980.4.21
霞ケ浦に隣接する桃浦駅は鹿島鉄道撮影のメッカといっても過言はない。狭い旧道を石岡方に少し歩けば、霞ケ浦の湖
畔風景が眼前に広がる好撮影地が点在する。列車交換駅の桃浦の広い構内からは、かつての貨物営業の様子を彷彿とさ
せてくれる。写真のキハ432は元加越能鉄道のキハ126で、車体更新前の正面窓が大きい時代の記録だ。

鹿島鉄道　キハ713　石岡行き　桃浦〜小川高校下　*1981.8.23*
台風一過の夏空の下、霞ケ浦湖畔をのんびり走るキハ713。1972年にはるばる北海道から転入してきたキハ713は元三井
芦別鉄道キハ103で1958年新潟鐵工所の製造。車内も製造当初のセミクロスシートのままで、鹿島鉄道の旅を楽しむの
にぴったりの存在だった。

鹿島鉄道　キハ431　鉾田行き　巴川〜鉾田　*2007.2.2*
借宿前から巴川に続く下り勾配を駆け下りて、終着鉾田に急ぐキハ431。その前身は北陸の加越能鉄道で働いたキハ125
で、キハ126→キハ432と共に1957年東急車輛製。車長が16mと他車よりも短く、冷房装置の搭載がなかったため夏季に
使用されなかった。

鹿島鉄道　キハ431＋キハ432　鉾田行き　八木蒔〜浜　*2005.9.18*
元加越能鉄道がコンビ組んだ一齣。1987年のワンマン化車体更新で正面窓が少し小さくなり、車両印象が変わってし
まった。キハ432は2002年12月の全検出場時に正面を金太郎塗りに変更。いっぽうのキハ431は2003年9月の出場時に下
半分を緑の金太郎塗りに変更された。

鹿島鉄道　キハ431＋キハ432　石岡機関区　*2007.1.8*
鹿島鉄道の車両基地石岡機関区を一望に眺められる石岡駅跨線橋からの一齣。「緑太郎」とニックネーム
されたキハ431の後方には、左からDD902、KR-502、キハ714と右端に機器扱いの1978年協三工業製の保線
用B型機が写っている。

DD902は1968年に日本車輌で新製
された国鉄DD13型の同形機で、機
関はDMF31SB（500PS）を2基搭載
していた。2001年7月まで、石岡〜
榎本間で航空自衛隊百里基地への
ジェット燃料輸送が行われていた
が、駅から基地までのパイプライ
ンの老朽化により貨物輸送が廃止
された。

鹿島鉄道　DD901　牽引下り貨物列車　榎本行き　*1981.8.23*
DD901は1955年10月、日本車輌が試作機として新製。国鉄がDD421の機番で1957年6月〜1958年8月にかけて借入れし、
各種試験を実施した。日本車輌に返還後、常総筑波鉄道が購入して、常総線に配置された。鉾田線には1974年11月に転
属している。

鹿島鉄道　DD902　牽引下り貨物列車　榎本行き　浜～玉造町　*2001.7.11*

鹿島鉄道　DD901　常陸小川駅　*2005.9.18*
独特のスタイルから「鹿島のカバサン」とか、サイドロッドがカランコロンと走行音を奏でるところから「ゲゲゲの鬼太郎機関車」と呼ばれ親しまれていたが、1988年3月31日付けで廃車された。常陸小川駅の構内で静態保存されていたが、鉄道廃止直前に解体されてしまった。

鹿島鉄道　KR-502　常陸小川行き　四箇村～常陸小川　*2006.3.5*
鹿島線の沿線には蓮根を栽培する農家が点在し、蓮根池の水面に姿を映すシーンを狙った一齣。石岡から常陸小川まで
は乗客が多く、常陸小川駅で石岡に折り返し列車が昼間1時間に2本程度設定されていた。

鹿島鉄道　KR-502　石岡行き　玉造町〜浜　2005.9.10
石岡行きの上り列車は玉造町駅を発車すると緩やかな勾配で切り通しを抜け、国道355号線の下を抜けると眼前に霞ケ浦と筑波山の絶景が広がる。軽快気動車のKR-500型はエアコン完備のクロスシート車で、稲刈りが始まった実りの秋の真っ只中を快走する。

鹿島鉄道　KR-505　石岡行き　常陸小川駅　2004.2.14
KR-500型は鹿島鉄道初の新造車としてニュータウン造成に伴う増発用として新潟鉄工所で製造された。全長16mの小型軽快気動車の仕様で1989年に501、502、1992年に503、505の各2両が増備された。当初から冷房装置とセミクロスシートを装備して、鹿島鉄道の近代化に寄与した。1両ずつ塗装が異なっていたのが特徴だったが、2007年4月の鉄道廃止時に全車退役している。

ひたちなか海浜鉄道湊線

　ひたちなか海浜鉄道の前身である湊鉄道は、1913年12月25日に勝田〜那珂湊間8.2kmを開業。当初は途中に駅が無く、ノンストップ運行であった。1924年9月3日に那珂湊〜磯崎間を延伸し、1928年7月17日の磯崎〜阿字ヶ浦間の延伸により、全線14.3kmの開業を果たしている。同時に金上駅、殿山駅が新設され、1931年7月16日には中根駅が設置されて、ほぼ現在の姿になった。

　戦時中の1944年8月1日、国策による茨城県内交通統合で、水浜電車、茨城鉄道と合併して茨城交通が発足し、同社の湊線となった。戦後暫くは大きな変化はなかったが、1984年2月1日に車扱い貨物が廃止され、同年6月1日に手小荷物取り扱いが廃止された。

　他路線と同様にモータリゼーションの進捗や沿線人口の過疎化により、湊線の経営は悪化を辿った。2005年12月、ひたちなか市に2008年3月限りで湊線を廃止する意向を示した。2007年9月になって、茨城県知事、ひたちなか市長、茨城交通社長のトップ会談の結果、ひたちなか市と茨城交通が出資する第三セクターの別会社を設立して、同線を存続させることで最終合意した。この合意を受けて2008年4月1日、茨城交通から新設分割により発足した「ひたちなか海浜鉄道」に移管された。移管後は2011年の東日本大震災による被害を克服。高田の鉄橋、美乃浜学園の中間駅の新設、朝夕の多客時に那珂湊〜勝田間の区間列車の新設、終列車の繰り下げ運行等の積極経営が功を奏し、乗客数は増加傾向に好転している。

写真は海水浴シーズンの3両編成。1〜2両目のキハ22は1970年12月15日に廃止された羽幌炭鑛鉄道の車両で、3両揃って茨城交通湊線に転入した。車体は国鉄キハ22型と同型で、運転台の旋回窓が特徴である。

茨城交通湊線　キハ22　勝田行き　殿山〜那珂湊　*1983.7.30*

国鉄キハ58系　急行「あじがうら」　阿字ヶ浦行き　中根～那珂湊　*1983.730*
1968年～1990年にかけて7月下旬から8月上旬までの夏休み期間中、海水浴客の便を図って上野～阿字ヶ浦間にキハ58
系5両編成による臨時直通急行「あじがうら」が運転された。

茨城交通湊線　ケキ102＋キハ22　勝田行き　那珂湊～中根　*1983.7.30*
先頭に立つケキ102は国鉄から勝田駅の入換業務を委託されていたため、その回送を兼ねた列車だった。ケキ102は1957
年新潟鐵工所製。機関はDMH17BX（180PS）を2基搭載していた。茨城線から湊線に転属後は、朝の客車列車、混合列車、
海水浴シーズンの臨時の客車列車を牽引していた。1984年の貨物列車廃止後、2005年5月に廃車された。

湊線の金上〜中根〜那珂湊の区間は周辺に広々とし
た田畑が広がる好撮影地が点在した。湘南マスクの
キハ1103は1959年新潟鐵工所製。1971年4月に廃止さ
れた留萌鉄道からの転入車で、留萌時代からの車番
を変更せずにそのまま使用していた。

茨城交通湊線　ケハ601　那珂湊駅　*1987.5.9*
沿線の大邑である那珂湊駅には本社や機関区等、湊線の中枢機能が置かれている。ケハ601は1960年に新潟鐵工所で新製
された日本初のステンレス製車体の気動車。駆動方式は液体式だが非総括制御で、主に単行列車運用に充当された。1992
年5月に廃車になったが、車体は那珂湊機関区に置かれてギャラリーとして使用され、イベント時に一般公開されている。

茨城交通湊線　キハ1103　阿字ヶ浦行き　金上〜中根　キハ1103　*1987.9.18*

茨城交通湊線　キハ1002　那珂湊駅　*1987.9.18*
留萌鉄道にはキハ1001、1002、1103、2004、2005の5両の気動車が在籍していた。1971年に路線廃止後、全気動車が茨城交通湊線に転入し、一気に車両の近代化が進んだ。キハ1002はキハ1001と共に1955年日立製作所で新製され、正面窓下のヘッドライトが台車と連動して可動するのが特徴だった。

茨城交通湊線　キハ222　勝田行き　磯崎〜平磯　*1995.10.13*
平磯駅の近隣は海から少し離れた台地で、周囲には田畑がひろがっている。当地の名産品「干し芋」の原料となる薩摩
芋畑がここ彼処に点在する。この時代のキハ222（羽幌炭鑛鉄道転入車）の車体塗装は茨城交通のバスと同じものに変更
されていた。

茨城交通湊線　キハ2004　阿字ヶ浦行き　金上〜中根　2007.5.4
金上駅を発車して新緑に覆われた森を抜けると、長閑な田園風景が中根駅の先まで続く。元留萌鉄道のキハ2004は2004年に新潟鐵工所で新製された国鉄キハ22の類似車両である。2005年9月に黄色に赤帯の旧国鉄準急色に塗り替えられ、好評を博した。廃車後の2016年10月に平成筑豊鉄道に譲渡され、動態保存されている幸運な車両だ。

阿字ヶ浦を発車して磯崎に向かうキ
ハ2004＋キハ222＋キハ205の旧国鉄
カラートリオの3両編成。阿字ヶ
浦駅は海水浴客の大半がマイカー
に移ったためかつての賑わいは無く
なった。最近になって国営ひたちな
か海浜公園の最寄り駅として注目を
浴び、観光シーズンのイベント開催
時には、ここから無料のシャトルバ
スが運行され、再び賑わいを取り戻
している。

茨城交通湊線　キハ2004　勝田行き　阿字ヶ浦〜磯崎　*2007.5.4*

茨城交通湊線　キハ112＋キハ205　勝田行き　那珂湊〜中根　*2004.5.1*
1980年に国鉄真岡線で使用されていたキハ11型11.25.26の3両を国鉄から譲り受け、キハ111、112、113　として運行を
開始した。1996年3月にキハ112は1970年代の普通気動車標準色のクリームとオレンジに変更された。2005年1月に廃
車後はJR東日本に譲渡され、大宮の鉄道博物館に展示されている。いっぽう、キハ205は元国鉄キハ20型のラストナン
バーキハ20522で、水島臨海鉄道を経て1996年1月に入線した。1998年にクリームとオレンジの旧国鉄標準色に戻され
た。ひたちなか海浜鉄道に移管後、唯1両残った旧型車となった。冷房装置も水島時代に設置されており、新型車との
併結も可能だ。

ひたちなか海浜鉄道湊線　キハ3710　勝田行き　中根〜金上　*2009.10.10*
キハ3710型は1995年と1998年に各1両が入線した新型車両で、湊線の主力として活躍している。写真は2008年4月に移管したひたちなか海浜鉄道による車体塗装であるが、現在はラッピング車として稼働している。

ひたちなか海浜鉄道湊線　キハ3710　阿字ヶ浦行き　金上〜中根　*2009.12.23*
写真は茨城交通時代の塗装で、形式名称の3710はみなと（湊）の語呂合わせから付けられた。車内はロングシートで、機関はDMF13HZ（330PS）を搭載。旧キハ20形のキハ205との総括制御も可能である。

ひたちなか海浜鉄道湊線　ミキ300-103　阿字ヶ浦行き　金上～中根　2009.10.10
2008年4月1日に廃止された三木鉄道から購入した1998年富士重工業製の18m級EL－DC車で車号、塗装、車内等を変更せずに使用を開始した。三木鉄道時代の塗装と独特の風貌が印象的だ。制御回路が異なるため他車との総括制御が不可能で、単行運用に限定して使用されている。

日立電鉄日立電鉄線

　1928年12月27日、日立電鉄の前身である常北電気鉄道によって大甕〜久慈浜間2.1kmが開業した。翌1929年7月3日には久慈浜〜常北大田間9.4kmを延伸している。

　1944年7月31日に社名を日立電鉄に変更。1947年9月1日、大甕から新たに鮎川までの6.6kmを延伸して、常北大田〜鮎川間18.1kmが全通した。常陸市内中心部まではバス連絡で乗客の便を図っている。1969年3月8日に全線のCTC化が完成。1971年10月1日から大甕〜常北大田間でラッシュ時を除いてワンマン運転が実施された。

　バブル経済崩壊後に日立製作所や関連企業の合理化による工場閉鎖が続き、それに伴う沿線人口の減少に加えモータリゼーションの進捗が加わり、鉄道経営は悪化の一途を辿った。1996年11月1日に全列車のワンマン運転を実施。その後も利用者の減少が続き、2005年4月1日に全線が廃止され、バスに代替された。

　開業当初は木造単車が活躍したが、戦後は国鉄や私鉄からの転入車が主力車両となった。東京地下鉄の見込み生産車のモハ11型や旧相模鉄道の電気式ディーゼルカーキハ1000型を改造したモハ13型が愛好者の注目を浴びた。ちなみに、相模鉄道は1943年4月1日、厚木で接続する神中鉄道を吸収合併したが、本来の相模鉄道部分が1944年6月1日に買収されて国鉄相模線となり、残った旧神中鉄道部分が相模鉄道を名乗ったまま現在に到っている。件のキハ1001〜1004は旧神中鉄道に移り、1944年に機関と発電機を撤去して電車化され、番号はそのままで記号のみキハからモハに変更された。600Vの電化ディーゼル区間や東横線で使用され、1947年10月から翌年1月に日立電鉄に移籍した。

日立電鉄　モハ13　常北大田行き　茂宮〜大橋　*1993.2.8*
モハ13型（13〜16）は元相模鉄道の電気式ディーゼルカーキハ1001〜1004で、1935年10月に汽車会社東京支店で製作され、電機部分は東洋電機。機関は対向ピストン4気筒（8ピストン）のユンカー 5-4TV82馬力／1,500、発電機は定格連続70kW300V（最大600V）205A、電動機は300V54kW×2を搭載していた。

モハ11型（11、12）は1947年2月に日立製作所で製造された。スタイルが帝都高速度交通営団銀座線（現・東京地下鉄銀座線）1200型に相似している。営団仕様と室内が異なるため注文流れになったとも言われているが、営団地下鉄向けに制作中の2両を日立電鉄向けの仕様にしたのではないか、と思われる。

日立電鉄　モハ11＋モハ12　常北大田行き　大橋〜川中子　*1981.8.23*

日立電鉄　モハ13　鮎川行き　川中子〜大橋　*1993.2.8*
オリジナルのモハ13型は六角形の変則流線形で、個性の強いスタイルだった。1965年の車体更新後は食パン型の切妻スタイルになった。モハ13・15は鮎川寄り、モハ14・16は常北大田寄りに貫通路が設置された。1971年に4両共ワンマンカーに改造され、日中時間帯の主力として活躍した。

日立電鉄　モハ12　常北大田行き　大橋〜川中子　*1993.2.8*
帝都高速度交通営団（現・東京地下鉄）は1942年、銀座線の増発用として1200型をベースにした新形式車両を日立製作所に車体と電装品を2両分、汽車会社に車体を3両分、三菱電機に電装品3両分を発注したものの、完成して納入されたのは三菱電機の電装品のみで、日立製作所で製作された2両分の車体がモハ11、モハ12となったとも言われている。

日立電鉄　クモハ350　常北大田行き　川中子〜常陸岡田　*1993.2.8*
1984年10月に静岡鉄道からクモハ351＋クモハ352を譲り受け、同一車号で朝夕のツーマン運行列車に使用した。静岡時代に使用した方向幕は日立電鉄では使用されなかった。クモハ350型は1968年に旧型車の台車、電装品を流用して、静岡鉄道長沼工場で車体を新造。両開き3扉の垢ぬけたスタイルをしていた。

日立電鉄　モハ9　鮎川行き　川中子〜大橋　1993.2.8
モハ9、モハ10は1963年の車体更新時に、連結運転に備えてモハ9は鮎川側、モハ10は常北太田側に貫通扉が設置された。ワンマン運転は単行のため、使用される頻度は極めて少なかった。大橋の陸橋は沿線一の撮影地で、常北太田側から勾配を上ってきた鮎川行きのモハ9が宙に浮いた瞬間を500mm望遠レンズで切り撮った作品。

日立電鉄　モハ2000　鮎川行き　常陸岡田〜川中子　*2005.3.26*

昼間の単行運転車両を新型車に置き換えるため、モハ2000型と同様に帝都高速度交通営団銀座線（現・東京地下鉄銀座線）の2000型を京王重機で両運転台に改造した車両で、当初からワンマン機器を備えていた。3021〜3027の7両が在籍し、1992年〜1997年に登場した。

日立電鉄　モハ3000　常北大田行き　大橋〜川中子　*1995.10.13*

旧型車を置き換えるために1991年、帝都高速度交通営団銀座線（現・東京地下鉄銀座線）の2000型を京王重機で改造して17両が導入された。軌間、集電装置が異なるため、FS510型台車、主電動機、パンタグラフ等は、帝都高速度交通営団日比谷線（現・東京地下鉄日比谷線）3000系のものを流用した。その内訳は2000型Mc10両（Mc＋Tc編成用7両、増結用単独Mc 3両）、2200型Tc 7両で、朝夕のツーマン運行で使用した。

1996年11月1日から全列車のワンマン運転が実施され、翌年には3連運用が廃止された。2002年には運用の簡素化により全列車が終日2連化されるなど、種々の経営合理化対策が実施されたが乗客の減少に歯止めがかからず、2005年4月1日に全線廃止の日を迎えた。後継となった「日立電鉄交通サービス」によるバス輸送も、2019年5月1日に茨城交通に吸収合併され、日立電鉄の名称が消滅した。

日立電鉄　モハ2000　常北太田駅　2005.3.26

鹿島臨海鉄道大洗鹿島線

　鹿島臨海工業地帯の生産品、原料の輸送を主たる目的として、日本国有鉄道、茨城県、進出企業の共同出資により、1969年4月1日に設立された。1970年1月17日に工事施工認可を受け、国鉄北鹿島駅〜奥野谷浜間19.2kmの工事に着手。1970年11月12日から鹿島臨港線として営業を開始した。国策により、1978年3月2日から1983年8月6日まで新東京国際空港への航空燃料を暫定輸送することに関連して、1978年7月25日から1983年11月30日まで旅客輸送を実施した。

　香取〜北鹿島間の国鉄鹿島線は、日本鉄道建設公団により1971年4月に北鹿島〜水戸間の工事に着手。路線の建設が進められてきた。完成目前になると、地方交通線の分離方針によって国鉄直営での開業は不可能になり、北鹿島以遠の新規開業区間は第三セクターの運営に転嫁され、鹿島臨海鉄道が経営することになった。1984年9月11日に地方鉄道事業免許を受け、1985年3月14日から大洗鹿島線として水戸〜北鹿島（1994年3月12日、鹿島サッカースタジアムに改称）間53kmと国鉄鹿島神宮までの3.2kmの乗入れ区間を合わせて、56.2kmの旅客営業を開始した。

鹿島臨海鉄道　6000型　鹿島神宮行き　新鉾田〜北浦湖畔　*1986.5.9*
1985年の開業時に日本車輌で6両が新製された。以降増備が続き、1993年までに19両が製造された。20m級ワンマン仕様の大型車で、室内は転換クロスシート（一部ロングシート）、トイレも設置されている。

鹿島臨海鉄道　7000型「マリンライナーはまなす」　水戸行き　大洋～北浦湖畔　*1993.1.31*
観光客の誘致と沿線のイメージアップのため、1992年に日本車輌で新製されたリゾート志向の車両で。茨城県が所有して鹿島臨海鉄道に貸し出す形を取っていた。1992年7月から「マリンライナーはまなす号」として水戸～鹿島神宮間2往復、間合いで水戸～大洗間2往復運用していたが、1998年3月に廃止された。以降は2015年9月に返却されるまで、臨時列車に使用されていた。返却後廃車されたが、現在は筑西市のテーマパーク「ユメノバ」で静態保存されている。

鹿島臨海鉄道　6000型　水戸行き　大洋～北浦湖畔　*1993.1.31*
6000型ワンマン仕様で製作されたが、開業当初は乗客が多く、車掌が乗務するツーマン運転で使用され、2001年4月1日からワンマン運転を開始している。サブエンジンによる冷房装置を搭載しているため、乗客の評判は良好だった。

鹿島臨海鉄道　キハ1000型　鹿島神宮行き　神栖〜北鹿島　*1981.7.22*
1978年7月25日から鹿島神宮〜北鹿島〜鹿島港南間で旅客輸送を開始している。開始時に国鉄からキハ10型を2両譲り受け、外部塗装の変更、座席モケットの張り替え等の小改造を施して営業運転に充当された。

鹿島臨海鉄道　2000型　KRD型　神栖車両基地　*1986.1.26*
大洗鹿島線の開業時に国鉄からキハ20を4両譲り受け、外部塗装や前灯に位置変更などの更新改造を実施。2000型として、新製した6000型6両と共に使用した。KRD5は国鉄DD13型を基に新製されたKRD型の最終増備機で、1979年に新東京国際空港の燃料輸送用に新製された。機関はDMF31Z（550PS）を2基搭載した強力機だ。

鹿島臨海鉄道　2000型+6000型　鹿島神宮行き　大洗〜涸沼　1986.5.9
2000型は6000型との連結が可能であったが、非冷房車であることに加え座席は国鉄キハ20型時代と同じボックスシート
だったため、6000型とのサービス格差は瞭然だった。1989年〜1991年に退役し、全車が茨城交通湊線（現・ひたちなか
海浜鉄道）に転出した。

真岡鐵道真岡線

　真岡鐵道は前身の真岡軽便鉄道が1912年4月に下館～真岡間16.4kmを開通させたことに始まる。1913年7月に真岡～七井間を延伸、1920年12月に茂木までの41.9kmを全通させている。1922年9月からは国鉄真岡線となり、1987年の民営化移管によりJR東日本真岡線となった。

　国鉄時代の1960年4月、国鉄関東支社評議員会から輸送人員の減少に伴い「廃止すべき路線」との決定がなされた。これにより、同年5月「真岡線廃止反対期成同盟会」が結成され、存続運動が行われた。1972年11月に国鉄再建促進特別措置法に基づく第二次特定地方交通線に選定。1984年6月に廃止対象路線として承認された。真岡線を利用する高校生が約800名あり、唯一の通学手段となっていること。沿線自治体が造成する工業団地や住宅団地建設に伴い、必要不可欠な路線となることから、栃木県と沿線市町、民間企業が出資する第三セクター鉄道として存続させることになり、1988年4月11日に真岡鐵道真岡線として再出発している。

　1990年代になり、栃木県芳賀地区広域行政組合と下館市が地域活性化の起爆剤として蒸気機関車列車の運転企画を策定した。真岡鐵道が同企画を受託した結果、C12型の動態復元やオハ50系客車が導入され、1994年3月27日から土休日を中心に蒸気機関車による旅客列車の運行が開始された。

真岡鐵道　モオカ63型　下館行き　北山～西田井　*2001.1.27*
雪国のような風景の中を走るモオカ63。モオカ63型は第三セクター転換時に富士重工業で新製されたLEカー。開業時の1988年に8両、同年12月に2両、1993年12月に1両増備されたが、モオカ14と交替して全車引退した。

真岡鐵道　モオカ63型　茂木行き　北真岡〜西田井　*1995.4.15*
茂木行きのＬＥカーは1955年に開設された北真岡駅を発車する車窓右側に桜並木が展開し、満開時には桜花と菜の花の
コラボレーションが楽しめる。国鉄時代は真岡や北真岡を「もうか」と仮名読みしていたが、第三セクターに転換した
1988年からは「もおか」に改められている。

真岡鐵道　モオカ63型　下館行き　*1988.5.6*
かつては交通の結節点だった真岡鐵道の終点茂木駅前からは、宇都宮、烏山、水戸、町内各地に行くバスが発着していた。
現在は宇都宮方面のバスが平日５本、土・休日３本発車するのみである。宇都宮行きのバスを利用すると2023年8月に
開業した宇都宮ライトレールの「芳賀工業団地管理センター」まで40分、ライトレールに乗り換えると100分程度で宇
都宮駅に到着する。JRバスの本数がもう少し多ければ、蒸気列車と組み合わせた回遊ルートができるのに残念である。

真岡鐵道　モオカ63型　茂木行き　天矢場〜茂木　*1988.10.9*
稲刈りが終った山間部を軽快に走るモオカ63型。終着茂木までの最後の峠越えとなる区間で、蒸気列車運転開始後は好撮影地が点在する区間として知名度が上がった。第三セクターに転換後の1992年3月、鉄道利用客の利便を図って、市塙〜茂木間に笹原田、天矢場の2駅が開業している。

真岡鐵道　モオカ63型　下館行き　西田井～北真岡　*1988.5.6*
写真は北真岡～西田井間に位置する五行川にかかる「ポーナル形」と呼ばれるワーレントラス橋で、真岡市の登録文化財になっている。1894年に英国の鋼材会社「パテントシャフト＆アクスルトゥリー」で製造されている。現役で使用されている稀有な存在で、2011年には土木学会選奨土木遺産に認定された。

真岡鐵道　モオカ14型　C11325　茂木駅　*2006.1.29*
C11325号機は1946年11月に日本車輌名古屋工場で新製され、1972年まで稼働していた。廃車後は新潟県水原町の「水原中学校」で静態保存されていた。1996年に真岡市に譲渡され、真岡駅で展示後にC1266の予備機として復元が決定。JR大宮工場にて復元整備が行われ、1998年10月に車籍が復活した。2019年12月まで運行を継続したが、2020年7月30日に東武鉄道に譲渡され、同社鬼怒川線の蒸気列車運転に充当されている。

真岡鐵道　モオカ14型　下館行き　ひぐち〜折本　*2005.3.26*
北関東に春の到来を告げる満開の梅花の中を走るモオカ14型。モオカ14型はモオカ63型の代替として、2002年から2006年にかけて9両が日本車輌で新製された。18m車体でワンマン仕様、車内は通勤通学の混雑時に適応したロングシートで構成されている。

真岡鐵道　モオカ14型　茂木行き　寺内〜真岡　*2010.1.10*
茂木行きの列車は寺内駅を発車すると下り勾配にかかり、八木岡地区の森を背景に走行して、真岡の市街地に入る。モオカ14型の外部塗装は一般公募で決められたもので、上部は緑色のモザイク模様、下部は橙色で上部に白の細帯が巻かれている。ファンは「スイカ（西瓜）気動車」とニックネームしている。

真岡鐵道　モオカ14型　茂木行き　折本〜ひぐち　*2004.5.1*
真岡鐵道になってから列車交換設備が復活した折本駅を発車した下り列車は、並行する国道294号から少し離れ、小さ
な森を通過すると、1992年3月に開業した「ひぐち」駅に到着する。駅名を平仮名にしたのは、秩父鉄道の「樋口」と
の混同を避けるためだ。

真岡鐵道　C1266＋オハ50型　下館行き　茂木〜天矢場　2017.1.21
写真のC1266は1933年に日立製作所笠戸工場で新製された。上諏訪機関区を振り出しに、小海線、日中線、会津線で使用され、1972年3月会津若松区で廃車になった。廃車後は福島県川俣町で静態保存されていたが、JR東日本大宮工場で復元工事が施工され、現役に復帰している。余談であるが、冬季のオハ50型の車内暖房は牽引する蒸気機関車の蒸気を利用する蒸気暖房で、私鉄では大井川鐵道と真岡鐵道でしか使われていない貴重なシステムだ。

真岡鐵道　DE101535＋オハ50型＋C11325　下館回送　真岡〜寺内　2010.7.25
真岡鐵道の蒸気機関車運転日は、真岡駅からこの編成で下館駅に回送。下館駅でDE10型は切り離されて、蒸気列車が茂木駅から戻ってくるまで待機している。下館駅到着後に列車の真岡側の先頭に連結され、営業運転で真岡駅に戻る。DE101535は1971年6月に川崎重工兵庫工場で新製。JR東日本に移管された2004年8月に廃車後、真岡鐵道に入線した。

真岡鐵道　C11325＋オハ50型　下館行き　西田井駅　*2016.12.4*
モオカ14型の茂木行きと交換後、発車合図の汽笛と共にブラスト音高らかに力強く発車した下館行き蒸気列車。西田井
駅は1913年7月の真岡〜七井間延伸時に開業している。1958年9月、運転合理化で交換設備が撤去されたが、真岡鐵道に
転換された1994年3月に復活している。

真岡鐵道　C1266＋オハ50型　下館行き　折本〜下館二高前　2015.12.12
蒸気列車の撮影は秋から春先にかけての大気温が低い時節が、吐き出す煙や蒸気を美しく表現できる。下館行きの先頭に立ち、師走の斜光を浴びて輝くC1266号機。そのサイドロッドの下がった一瞬を見据えた一齣。茂木駅から1時間30分の蒸気列車の旅は、間もなくフィナーレを迎える。

野岩鉄道会津鬼怒川線

　東武鉄道鬼怒川線の終点である新藤原駅と国鉄会津線の終点、会津滝ノ原駅を結ぶ30.7kmの野岩鉄道は1986年10月9日に福島県、栃木県、東武鉄道等が出資する第三セクター鉄道として開業した。野岩鉄道の計画は古く、1922年4月に今市～田島間が鉄道敷設法の敷設予定計画線となったが、工事が着工されたのは44年後の1966年5月だった。

　1979年5月、運輸大臣から福島、栃木両県の知事に対し、第三セクターによる鉄道運営の打診があり、両県は翌年9月に同意する旨の回答をした。1980年12月、日本国有鉄道経営再建促進特別措置法」により計画は凍結されるが、1982年1月になると運輸大臣が日本鉄道建設公団に対し、野岩鉄道による運営に向けて工事再開を指示。1984年6月に路線電化に係る工事変更が認可された。1985年4月に線名を「会津鬼怒川線」、6月には駅名も決定された。

　1986年10月9日に野岩鉄道が開業し、東武鉄道の快速電車が浅草駅から会津高原駅（会津滝ノ原駅を改称）まで直通運転され、沿線の利便性が飛躍的に向上した。

　1990年10月に国鉄会津線を第三セクター転換した会津鉄道の会津田島～会津高原間の電化が完成。南会津の中心地である会津田島まで直通運転が実現し、翌年7月には浅草～会津田島間の急行「南会津」が2往復運転された。1993年3月、日本国有鉄道清算事業団と鉄道施設資産無償譲渡契約を締結し、2000年1月に引き渡しが行われた。

　2006年に中三依駅を中三依温泉駅に、会津高原駅を会津高原尾瀬口駅にそれぞれ改称している。

野岩鉄道　東武鉄道6050系　新藤原行き　試運転列車　会津高原～男鹿高原　*1986.10.3*
コスモスが咲き誇る会津高原駅（現・会津高原尾瀬口）は、国鉄会津線時代には会津滝ノ原駅と呼ばれ、会津線の終点だった。会津高原スキー場や尾瀬国立公園へのアクセス駅として、シーズン中は多くのハイカーやスキーヤーで賑わう。

野岩鉄道　東武鉄道6050系　新藤原行き　試運転列車　下野上三依〜中三依　*1986.10.2*
野岩鉄道は沿線人口が少なく、旅客の80％を観光客が占めている。開業当初、浅草発の中三依行き快速が2本設定され
ていたのが不思議に思われた。下野上三依駅は1988年10月、国道400号の尾頭トンネルが開通したことにより、塩原温
泉郷へのアクセスが近くなったため、駅名を上三依塩原駅に改称。更に2006年に上三依塩原温泉駅に改称している。

野岩鉄道　東武鉄道350系　急行「南会津」　浅草行き　上三依塩原駅　*1992.1.18*
野岩鉄道に乗り入れる東武鉄道350系は伊勢崎線の急行に使用されていた1800系からの改造車。4両編成3本が在籍し、
急行「南会津」等に充当された。回転式クロスシートでリクライニングはしなかったものの、快速急行に使用される固
定クロスシートの6050系に比べると居住性が大幅に向上した。

野岩鉄道　東武鉄道6050系　会津高原行き　試運転列車　川治温泉～川治湯元　1986.8.21
川治温泉街を一望できる鬼怒川第二橋梁通過する会津高原行6050系。野岩鉄道は栃木、福島県堺の急峻な地形を極力直線で敷設したため、全区間中に橋梁は64カ所あり、その延長は2830mで全線の9.2パーセントを占めた。トンネル18カ所あり、総延長は17,623mで全線の57.4パーセントに及んだ。

野岩鉄道　東武鉄道6050系　新藤原行き　中三依〜湯西川温泉　*1986.10.26*
野岩鉄道は1986年の紅葉シーズンに開業を迎えている。渓谷を走る電車は初乗りを楽しむ観光客や地元の人々で賑わっていた。トンネル内に駅が所在する湯西川温泉駅から平家の落人伝説の残る湯西川温泉街までは、バスに乗り換えて25分の旅程だ。

浅草駅を発車した快速電車は終着駅会津高原を目指してラストスパートをかける。東武6050系は6000系からの改造車22編成44両、新造車7編成14両、同系の野岩鉄道所有車3編成6両、会津鉄道所有車1編成2両、計33編成66両が新栃木検修区に配置された。日光線、野岩鉄道直通を含む鬼怒川線系統の快速列車を主体に運用され、特別料金不要のクロスシート車として乗客の人気を博していた。

野岩鉄道　東武鉄道6050系　快速会津高原行き　上三依塩原〜男鹿高原　*1986.10.26*

野岩鉄道　野岩鉄道6050系　快速浅草行き　中三依〜湯西川温泉　*1990.11.2*
湯西川橋梁上を行く快速浅草行き。浅草方の前2両は野岩鉄道所属車両で、100番台が付番されている。かつて快速で大活躍した6050系も東武鉄道と会津鉄道の車両は全廃。野岩鉄道の3編成も1編成が廃車され、残る2編成が鬼怒川温泉〜会津高原間で細々と使用されている。

わたらせ渓谷鐵道わたらせ渓谷線

　JR東日本足尾線の第三セクター転換を受け、1989年3月29日に開業している。前身となった国鉄足尾線の歴史は古く、足尾鉄道によって1911年4月15日に下新田連絡所〜大間々町間を開業(桐生〜下新田連絡所間は官設鉄道両毛線を借用)、1912年9月5日に大間々町〜神土(現在の神戸)間を延伸開業。1912年11月11日に神土〜沢入間を延伸開業。1912年12月31日に沢入〜足尾間を延伸開業。1913年10月13日に国が借入れ、線名を足尾線に改称。1914年8月25日に足尾〜足尾本山間の貨物支線を開業。同年11月1日に足尾〜足尾本山間に間藤駅が開業し、旅客営業が開始された。鉱石輸送は国策上重要なため、1918年6月1日に足尾鉄道を国が買収して国有化された。

　最盛期は国内の銅産出量の4割も占めたが、資源の枯渇により1973年に閉山。その後、輸入鉱石による精錬が継続されたが1988年に縮小され、足尾線による鉱石、精錬用の硫酸の輸送が廃止された。

　一方、旅客輸送も減少が続き、1980年の国鉄再建法の施行により、1984年に第二次特定地方交通線に指定された。1987年の国鉄分割民営化でJR東日本の路線となった。翌1988年3月29日に群馬県と沿線のみどり市、桐生市、日光市等を株主とする第三セクターへの転換を決定し、同年10月25日にわたらせ渓谷鐵道が設立され、1989年3月29日にJRから転換された。転換後は観光客の誘致に力点を置き、1998年10月10日からDE10型ディーゼル機関車の牽引による「トロッコ列車渡良瀬号」の運転を開始している。

わたらせ渓谷鐵道　わ89-200型　水沼駅折返し桐生行き　*1992.8.9*
停車中の気動車は開業時に新製されたわ89-201「くろび」。写真右側は1998年12月24日にオープンした日帰り温泉入浴施設「せせらぎの湯」で、2008年12月29日に一時休館になったが、引受先が見つかったため2009年4月26日に営業を再開した。しかしながら、引継企業が事業を停止したため、2023年7月31日より再度休館に追い込まれた。

わたらせ渓谷鐵道　わ89-300型　桐生行き　小中～中野　*2010.11.27*
わ89-314「あかがねⅢ」は1993年に新製され、車内はセミクロスシートである。わたらせ渓谷鐵道の路線は渡良瀬川と
国道122号（東国文化歴史街道）に挟まれる形で敷かれているが、社名となった渡良瀬渓谷が見える区間は少ない。

わたらせ渓谷鐵道　わ89-300型　間藤行き　水沼〜花輪　*1990.5.10*
蓮華草が咲く薫風のフィールドを見下ろしながら終点間藤に向け力走する下り列車。写真のわ89-311「ようがい」はわ89-300、310型の中で唯一両ベージュ色と茶色に塗り分けられていた。

わたらせ渓谷鐵道　わ89-300型　神戸行き　中野〜小中　*1990.5.10*
新緑に包まれた渡良瀬川の支流である小中川に架かる橋梁を通過するツートンカラーのわ89-311。この小橋梁の左手に1960年に開業した小中駅が所在する。

わたらせ渓谷鐵道　わ89-200型　桐生行き　原向〜沢入　1992.11.11
紅葉の渓谷を走るわ89-203「あづま」は開業時に新製された富士重工業製のLEカーで、車内はセミクロスシートだった。
栃木県日光市足尾町の原向駅を発車し、群馬県との県境に位置する笠松トンネルを抜けると、群馬県みどり市の行政区
画になる。

わたらせ渓谷鐵道　わ89-300型　桐生行き　小中～中野　1992.11.11
沿線は山茶花が咲く時節になり、北関東の秋はますます深まってゆく。開業時に新製された写真のわ89-302「わたらせ」
はイベント対応車として2両新製され、座席は転換クロスシートであった。もう1両のわ89-301は「あかがね」と命名さ
れていた。

わたらせ渓谷鐵道　わ89-200型　桐生行き　花輪～水沼　2008.4.15
濃いピンクの枝垂れ桜を垣間見て水沼駅に向うわ89-201「くろび」。開業時に新製されたわ89-100型2両とわ89-200型3両
はそれぞれ塗装が異なり、沿線の山の名前が付けられていたが、省力化のため赤銅色の1色に塗り替えられた。ちなみに、
わ89-102「ようがい」は、開業2カ月目に落石に乗り上げ大破し、廃車されている。

わたらせ渓谷鐵道　WKT-501型　大間々行き　試運転列車　間藤〜足尾　2011.2.5
わ89-100・わ89-200・わ89-300型の老朽化に伴う代替用として製造されたのが写真のWKT-501型で、2011年に2両が新潟
トランシスで新製された。車内はロングシートで、伝統のあかがね色とアイボリーの塗分けになった。

わたらせ渓谷鐵道　わ89-300型　桐生行き　神戸駅　2008.4.15
桃と桜が満開の「桃源郷」として有名な神戸駅は、毎年4月上旬の週末に「花桃まつり」が開催され多くの花見客で賑わう。
この時期は桐生～神戸間に臨時快速列車も運転される。足尾鉄道、国鉄、JR東日本時代を通じて、兵庫県の神戸駅との
混同を避けるため「神土」と表示していたが、わたらせ渓谷鉄道になって本来の地名である「神戸」に戻された。

わたらせ渓谷鐵道　わ89-300型　桐生行き　小中〜中野　2001.11.23
紅葉した木々を背景に快走するわ89-300型。わ89-311 〜 315は1990年に３両、1993年に２両新製された。基本的なスタイルは、89-301、302を踏襲しているが、ヘッドライトが2灯になり、車内はセミクロスシートに変更された。

わたらせ渓谷鐵道　わ89-300型　桐生行き　沢入～神戸　2010.11.27
黄金色の銀杏とペルシャンブルーの秋空の下、桐生行きの上り列車に充当されたわ89-314「あかがねⅢ」。背景は全長
5242mの草木トンネルのポータルで、草木ダムにより線路の一部が水没するため、ダム湖の迂回ルートとして草木トン
ネルが建設された。

わたらせ渓谷鐵道　わ89-300型　間藤行き　中野〜小中　*2010.11.27*
紅葉に覆われた晩秋の山間を走行するわ89-311「たかつど」。事故で廃車になったわ89-102の代替車として新製され、当初は「ようがい」の名称が付けられていた。

わたらせ渓谷鐵道　わ89-200型　間藤行き　中野〜小中　*2003.11.14*
四季折々の変化に恵まれたわたらせ渓谷鐵道。ススキの穂が秋の風情を引き立ててくれる。開業時に新製されたわ89-201「くろび」を先頭に2両編成の下り列車が走り抜ける。

わたらせ渓谷鐵道　DE101678＋トロッコ列車　足尾行き　沢入〜原向　*2010.11.27*
観光客誘致の目玉として、1998年10月10日から「トロッコわたらせ渓谷号」の運転を開始した。DE101678は2000年3月にJR東日本から譲渡された。客車は間藤寄りから「わ99-5010」・「わ99-5020」・「わ99-5070」・「わ99-5080」の4両固定編成である。両端の5010と5080は元国鉄のスハフ12150とスハフ12151で、中間の2両は元京王電鉄 デハ5020、デハ5070を改造したトロッコ車両で、窓ガラスやドア・座席・冷房装置などを撤去し、木製の座席を設置して客車化している。

上毛電気鉄道上毛線

　両毛線の前身である両毛鉄道は、前橋から南に迂回し、当時から織物産業の要地であった伊勢崎を経由して桐生に至る経路を取った。これに対して前橋〜桐生間を大胡経由で赤城山南麓を直線で結び、更に大胡から伊勢崎を経由して本庄までの電気鉄道敷設免許を申請。敷設免許は1924年6月7日下付され、1926年5月27日に上毛電気鉄道（以下上毛電鉄）が設立された。

　1928年2月、大間々町に工事事務所を置いて全線を4区に分けて工事に着工。1928年11月10日に竣工と同時に中央前橋〜西桐生間25.4kmの営業を開始した。中央前橋〜西桐生間で国鉄線と全く接続しない稀有な路線でもある。いっぽう、大胡〜本庄間は1934年11月に免許が失効して延伸計画を放棄している。

　最盛期の上毛電鉄は、昼間の列車でも立客が出るほど乗客が多かったが、1968年9月1日に国鉄両毛線（現・JR東日本両毛線）が電化され、電車化によるスピードアップと増発が計られると、前橋〜桐生間の直通客がそちらに転移して、上毛電鉄への旅客需要が減少に転じた。その後もモータリゼーションの進捗によるマイカーの普及、少子化による学校統合の影響で通学生の減少が顕著になった。現在は東武鉄道や上信電鉄等が株主となって電鉄経営をバックアップしている。乗客増への施策として、昼間運転間隔の30分維持、自転車の車内持ち込みを可能にした沿線ハイキング会を開催するなど、上毛電鉄関連のイベントを通年で実施して、旅客需要の向上をはかっているところである。

上毛電鉄　デハ101　工事列車　中央前橋駅　*1993.2.10*
デハ100型は1928年の開業時に川崎車輌で新製された車両。1977年から1981年かけて西武鉄道からの転入車による車種統一後も、工事列車の牽引や朝ラッシュ時の増発用に残された。撮影時は東武鉄道からの転入車に合わせた塗装になっていた。現在は茶色1色に変わり、主に団体貸切列車で使用されている。

上毛電鉄　デハ300型　西桐生行き　江木～大胡　1992.6.12
西武鉄道から譲り受けたデハ230型＋クハ30型の代替として、東武鉄道から3000系を9編成譲り受けた。車体は新しかったが、台車や電装品は戦前製のモハ3210型等が使用していたもので、老朽化が激しくなった。比較的状態の良かった2編成を除いて10年足らずで廃車された。

上毛電鉄　クハ33　西桐生行き　赤坂～江木　1988.5.20
車種統一のため1977年～1980にかけて、西武鉄道のクモハ351型とクハ1411型を8編成譲り受け、デハ230型＋クハ30型のコンビを組んだ。デハ230型は17m車、いっぽうクハ30型は20m車とチグハグで、西武時代の塗装のままで使用したため西武鉄道の系列会社のごとき様相を呈した。

上毛電鉄　デハ101　大胡行き工事列車　樋越～北原　デハ101　*1993.2.16*

榛名山系を背景にからっ風の吹く真冬の上州路を行くデハ101。早朝からのバラスト輸送のホキを新里駅に置いて、大胡駅に戻るシーンを捉えた一齣。デハ100型は4両在籍したうち生き残った1両。現在では貴重な戦前製の吊掛け式駆動車だ。

上毛電鉄　デハ101　大胡行き　粕川～新屋　*2009.11.29*
デハ100型は1956年に大規模な修繕が行われ、3扉の2扉化、連結運転に備えるため中央前橋寄りに貫通扉を増設している。更に2015年頃、車内木部のニス塗りの復元と室内灯の白熱灯化が行われ、よりレトロ感が増している。

上毛電鉄　デキ3021　デハ101　大胡車庫　*2009.11.29*
写真のデキ3021は東京急行の前身である東京横浜電鉄が1942年に川崎車輌で新製した小型電気機関車。東横線の貨物列車廃止後は長津田工場の入換用として使用され、1980年2月に廃車。その後も機器扱いで使用されてきたが、廃車されて、2009年に上毛電鉄に引き取られた。車籍が無いため本線運転はできないものの、大胡車庫でのイベント時には車庫内を走行する。

上毛電鉄　デハ101　西桐生行き　新谷〜粕川　*2009.11.29*
通常は貸切り運転に充当されるデハ101。貸切り運転時は特定の乗客しか乗車できないが、イベントによっては通常の
臨時列車として一般営業することもあり、普通運賃で一般客の乗車が可能である。

上毛電鉄　デハ700型　中央前橋行き　丸山下～富士山下　2015.10.9
東武鉄道から転入したデハ300型、クハ350型の老朽化が進み、非冷房のため時代の趨勢に合わなくなったこと等から、
1998年から2000年にかけて京王電鉄井の頭線で使用されていた3000系を譲り受けた。京王重機の施工で先頭車同士を
MT2両編成にして8編成が導入された。

上毛電鉄　デハ700型　西桐生行き　赤城〜桐生球場前　2010.4.10
桐生球場付近の満開の桜を背景に西桐生駅に向かうクハ724＋デハ714。この編成は車内を水族館風に改装し、子どもに
人気がある。写真では一見複線区間に見えるが、手前の軌条は東武鉄道桐生線で、赤城駅まで続く並走区間だ。

上毛電鉄　デハ700型　中央前橋行き　北原〜樋越　2009.11.29
正面が爽やかなブルーのデハ712＋クハ722が赤城山南麓を駆け抜ける。京王井の頭線時代の車号はクハ3758とクハ
3708で、旧クハ3758のデハ712は中間デハの電装品を転用して電動車化している。

上毛電鉄　デハ700型　西桐生行き　桐生球場前〜天王宿　2011.2.5
冬晴れの1日が終ろうとする瞬間、家路に就く人々を乗せた電車が夕陽を浴びて終点西桐生に急ぐ。20年以上にわたり
主力として活躍してきた700型もそろそろ代替時期が迫ってきた。代替車として、東京メトロ日比谷線を退役した03系
の改造車デハ800型が3編成投入されることになり、その第一陣が2024年2月29日から営業運転を開始した。

上信電鉄上信線

　上信電鉄の前身にあたる上野（こうずけ）鉄道は1893年8月、高崎〜下仁田間に762mm軌間の蒸気鉄道を敷設する目的で創立協議会を開催し、同年12月に敷設免許が下付された。

　1896年4月に全線の工事に着手。1897年5月5日に高崎〜上州福島間16.6km、続いて同年7月2日に南蛇井まで11.6kmを延伸し、同年9月8日に下仁田まで5.5kmを敷設して全線が開業した。当初の762mm軌間の蒸気鉄道は、近い将来に輸送力不足が懸念されるため、1067mmへの改軌と電化をすることになった。それに加えて下仁田から余地峠を越え、佐久鉄道（現在の小海線）羽黒下まで路線を延伸する計画で、1921年8月25日に社名を「上信電気鉄道」に変更している。1939年10月3日、高崎〜上州富岡間の改軌と電化が完成し、同年12月15日に下仁田までの全線の改軌と電化が完成した。

　一方、羽黒下までの延伸は世界大恐慌と急峻な地形のため建設費の増大が見込まれることから、免許を取得したものの断念せざるを得なかった。それで州との連絡は1942年6月1日から国道254号の内山峠を越えて、下仁田〜中込間の路線バスの営業を開始したが、戦時体制強化により中止され、戦後の1958年5月1日に再開している。1970年4月1日、内山峠に所在する上信電鉄直営の宿泊施設「山荘あらふね」を佐久市に売却している。更に4月8日に長野県側のバス路線を千曲自動車に譲渡したため、中込までの直通運行は廃止された。現在は路線が縮小されて市ノ萱までとなり、上信電鉄のバスに替って下仁田バスのワゴン車が運行されている。

　1961年4月23日から1969年9月1日までの行楽シーズンの休日には、荒船山への登山客、神津牧場への行楽客のために国鉄上野駅〜下仁田駅間の直通列車が運転されたが、マイカー利用者の増大により廃止された。

上信電鉄　デハ23　快速高崎行き　下仁田〜千平　*1981.8.10*
上信電鉄の千平駅から終点の下仁田駅にかけては渓谷と峠越えの区間で、上信電鉄唯一のトンネルである白山トンネルも所在する。写真のデハ23は1960年東洋工機製の鋼体化改造車だが、ノーシルヘッダーのスマートな車体だった。

上信電鉄　デハ10型　下仁田行き　南高崎～根小屋　1975.2.17
デハ10型は1947年に東武鉄道から譲り受けた木製車デハ4を1952年三和車両で鋼体化。更に1962年に西武鉄道所沢工場で車体を延長して3扉化改造した。2両目のクハ22は元豊川鉄道のモハ22をクハニ21に改造。1961年西武所沢工場で3扉の車体を新製しクハ22になった。旧車体は近江鉄道で活用され、クハ1207として再起している。

上信電鉄　デハニ30　下仁田行き　高崎～南高崎　1975.2.17
高崎を発車して下仁田に向かうデハニ30を先頭にした3両編成。このデハニ30は1924年日本車輌東京支店製のサハ3を1953年に三和車両で鋼体化した車両。手荷物室の荷重積量は2 t だった。

上信電鉄　クハニ10　快速高崎行き　上州福島～上州新谷　1975.2.17
クハニ10は電化時に日本車輌東京支店で製作した木造車サハ4を1954年東急車輌で鋼体化した車両。上信電鉄では列車交換駅が島式ホームなので、タブレット交換をスムーズにするために運転台は右側に設置されている。

上信電鉄　クモハ100型　下仁田行き　上州福島〜東富岡　*1982.4.25*
上州福島駅を発車すると富岡市に入り、写真の鏑川橋梁を渡って切通しを抜けると東富岡駅に着き、ここからは富岡市の市街地となる。

上信電鉄　クモハ100型　下仁田行き　上州新屋〜上州福島　*1991.10.9*
鉄道近代化事業の一環として、在来車両を新型車両に置き換えてスピードアップを図ることとなった。1980年から1981年にかけて元西武鉄道クモハ451型7両と、クハ1651型11両の8両から3編成、更に事故廃車の補充用として1985年に1編成が入線、クモハ451型3両を電装解除して、MT編成を4組組成している。

上信電鉄　デハ200型　下仁田行き　上州七日市〜上州一ノ宮　*1975.1.24*
雪景色の上州路を快走する下仁田行きに充当されたデハ200型。上州七日市駅は富岡高校の最寄り駅で、その先の国道
254号の踏切を通過して、右手に鏑川が見えると一之宮貫前神社の最寄り駅の上州一ノ宮駅に到着する。

急カーブと急勾配が連続する風光明媚なこの区間は峠越えの難所だ。そそり立つ奇岩を背景に配した上信電鉄一の好撮影地で、1994年9月に運転された「鉄道友の会東京支部設立30周年号」のトロッコ列車をデキ1型が重連牽引した時は、空前の撮影ファンで賑わった。

上信電鉄　デハ200型　高崎行き　下仁田〜千平　*1981.8.10*

上信電鉄　デハ200型　高崎行き　下仁田〜千平　*1974.12.22*
デハ200は当時計画していた国鉄上越線新前橋駅乗り入れと車両近代化を目的に自社発注した上信電鉄初の全金属製の
カルダン駆動車で、1964年に東洋工機で5両、1969年に西武鉄道所沢工場で4両新製された。

上信電鉄　クハニ10＋デハ20＋デハニ30　下仁田行き　真庭〜吉井　1975.1.24
冠雪した浅間山をバックに鏑川橋梁を通過する旧型車の3両編成。上信電鉄の旧型車は自社および他社から譲り受けた
木造車両を1950年代から1960年代の初頭にかけて鋼体化したもので、一部の例外はあるが16mの好ましいスタイルをし
ていた。

上信電鉄　7000型　下仁田行き　上州福島～東富岡　2014.4.16
富岡製糸場の世界遺産登録による乗客増を見込んで2013年に新潟トランシスで製造された久しぶりの新製車。車内は観光路線にふさわしいセミクロスシートである。それまでの右側運転台を左側運転台に変更した最初の形式となった。

上信電鉄　1000型　下仁田駅　1976.3.28
1976年にデビューした当時としては画期的な車両で、ワンハンドルマスコンを装備。新潟鐵工所（現・新潟トランシス）で新製され、クモハ1001 - モハ1201 - クハ1301の3両固定編成だったが、昼間の3両編成は過大だったので、2001年のワンマン対応改造時にクハ1301の運転台部分を切断して中間のモハ1201に接合する工事が行われ、2両固定編成になった。

上信電鉄　250型　高崎行き　吉井〜真庭　*1983.1.9*
1981年に新潟鐵工所（現・新潟トランシス）で新製された両側運転台車で、単行運転、増結用として使用されていたが、デハ251はクハ303、デハ252はクハ1301とMTを組むことが多かった。

上信電鉄　6000型　下仁田行き　神農原〜南蛇井　*1981.8.10*
1981年に新潟鐵工所（現・新潟トランシス）で新製された上信電鉄初の冷房装置搭載車両。車内はクロスシートとログシートが千鳥に配置されたユニークなものであったが、後日オールロングシートに改造された。

上信電鉄　デキ1型　下仁田行き　千平〜下仁田　*1975.2.17*
デキ3に牽引された下り貨物列車が鬼ガ沢橋梁を渡る。この付近は鏑川の渓谷美を堪能できる撮影地だ。上信電鉄の
貨物営業は1994年9月まで行われた。貨物の中身は、下仁田駅から搬出される中和用石灰で、写真のようなテム車が重
用された。

上信電鉄　デキ1重連＋クモハ100　合格祈念号　高崎行き　東富岡〜上州福島　*1983.1.9*
高崎駅から受験生を乗せて上州一ノ宮の一之宮貫前神社に合格祈願に行き、祈願を済ませて高崎駅に戻る列車だ。デキ
1型は後年トロッコ列車など多くのイベント列車にも使用された。

上新電鉄　デキ1　ED316　高崎駅　*1993.2.16*
デキ1は1939年の改軌電化時にドイツから輸入された舶来機関車。電気機器類はシーメンス、車体はＭＡＮ社製。ドイ
ツ製の大きなパンタグラフは1970年頃に国産に取り換えられたが、それ以外は良く原形を保っている。1〜3の3両が在
籍したが、2は1992年3月に廃車され、富岡市もみじ平総合公園で展示・保存されている。
ＥＤ316は1923年に芝浦製作所・石川島造船所で元伊那電気鉄道デキ6として製造され、国有化後にＥＤ316となった。
本来凸型機であったが自社工場で箱型に改造された。台車はブリルＭＣＢ型に換装されたが、1990年代にＤＴ10系台車に
再換装されている。

【著者プロフィール】

諸河 久（もろかわ ひさし）

1947年東京都生まれ。日本大学経済学部、東京写真専門学院（現・東京ビジュアルアーツ）卒業。

鉄道雑誌社のスタッフを経て、フリーカメラマンに。

「諸河 久フォト・オフィス」を主宰。国内外の鉄道写真を雑誌、単行本に発表。

「鉄道ファン／CANON鉄道写真コンクール」「2021年 小田急ロマンスカーカレンダー」などの審査員を歴任。

公益社団法人・日本写真家協会会員　桜門鉄遊会代表幹事

著書に「オリエント・エクスプレス」（保育社）、「都電の消えた街」（大正出版）、「総天然色のタイムマシーン」（ネコ・パブリッシング）、「モノクロームの国鉄蒸機　形式写真館」、「モノクロームで綴る昭和の鉄道風景」（イカロス出版）、「モノクロームの私鉄原風景」（交通新聞社）、「路面電車がみつめた50年」（天夢人）、「EF58最後に輝いた記録」、「1970年代～80年代の鉄道 国鉄列車の記録 北海道編」（フォト・パブリッシング）など多数がある。2024年2月にフォト・パブリッシングから「1970年代～2000年代の鉄道 地方私鉄の記録 第1巻 南関東編」を上梓している。

【解説者プロフィール】

藤本哲男（ふじもと てつお）

1948年京都市生まれ。同志社大学文学部社会学科卒業。

1973年から東京在住。

2013年に43年間勤続した物流会社を定年退職後、ビルメンテナンス会社に再就職して現在も勤務中。

同志社大学鉄道同好会クローバー会会員。

同志社大学鉄道同好会クローバー会のHP「デジタル青信号」に多数投稿。

【掲載作品選定・ページ構成】
寺師新一

【掲載作品CMYKデータ　デジタルリマスター】
諸河 久

【路線解説・掲載写真キャプション】
藤本哲男

【編集協力】
田谷惠一、篠崎隆一

1970年代～2000年代の鉄道
地方私鉄の記録
第2巻【北関東編】

2024年4月5日　第1刷発行

著　者……………………諸河 久（写真）・藤本哲男（解説）

発行人……………………高山和彦

発行所……………………株式会社フォト・パブリッシング
　　　　　　　　　　　〒161-0032　東京都新宿区中落合2-12-26
　　　　　　　　　　　TEL.03-6914-0121 FAX.03-5955-8101

発売元……………………株式会社メディアパル（共同出版者・流通責任者）
　　　　　　　　　　　〒162-8710　東京都新宿区東五軒町6-24
　　　　　　　　　　　TEL.03-5261-1171 FAX.03-3235-4645

デザイン・DTP………柏倉栄治（装丁・本文とも）

印刷所……………………サンケイ総合印刷株式会社

ISBN978-4-8021-3454-5 C0026